Treu ist Gott und kein Böses an ihm, gerecht und wahrhaftig ist er.

5. Mose 32,4b

LIEBE LESERIN, LIEBER LESER,

es freut mich, dass dieses Heft den Weg zu Ihnen gefunden hat! Vielleicht haben Sie es sich aber auch ganz gezielt ausgesucht, weil Sie festgestellt haben: Gott zu vertrauen, das fällt mir schwer! Das mag daran liegen, dass Menschen Sie enttäuscht haben. Solche Erfahrungen bewirken Misstrauen – und das oft nicht nur der betreffenden Person gegenüber, sondern Menschen generell und auch Gott gegenüber. Womöglich sind Ihnen aber auch Dinge widerfahren, die die Frage aufkommen ließen, ob Gott wirklich gut und vertrauenswürdig ist. Ganz gleich, wie Ihre konkrete Situation aussieht: Es lohnt sich, diesen Dingen nachzugehen.

Genau dazu lädt dieses Heft Sie ein. Erfahren Sie, wie Gott sich selbst in der Bibel vorstellt. Lesen Sie, was andere Menschen mit Gott erlebt haben. Nehmen Sie die Gelegenheit wahr, eigene Erfahrungen zu reflektieren. Vor allem aber gönnen Sie sich Zeit für die Begegnung mit Gott. Er möchte gerne Zeit mit Ihnen verbringen, denn Sie sind ihm wichtig. Menschen mögen enttäuschen oder gar vorsätzlich Vertrauen missbrauchen; Gott jedoch würde so etwas niemals tun!

Bevor Sie starten, werfen Sie gerne noch einen Blick auf die Seiten 4 und 5. Dort finden Sie einige nützliche Informationen zum Aufbau dieses Themenheftes sowie Tipps, wie Sie es mit möglichst viel Gewinn lesen können.

Viele vertrauensstärkende Begegnungen mit Gott wünscht Ihnen

Nicole Sturm

Nicole Sturm ist Theologin und arbeitet als psychotherapeutischer Coach in eigener Praxis in Norddeutschland. Sie liebt guten Kaffee, Bücher, Sonne, Meer, tiefe Gespräche und natürlich Gott. www.vorwärtsleben.de

W0224054

Herzlichen Glückwunsch zum Erwerb dieses Themenheftes! Sicherlich hat es einen guten Grund, warum Sie gerade dieses ausgewählt haben. Sie dürfen auf 18 Impulse gespannt sein, die „Ihr" Thema auf der Grundlage der Bibel von verschiedenen Seiten beleuchten und Sie voranbringen wollen.

Die Themenhefte sind undatiert. Das bedeutet: Sie allein entscheiden, in welchem Zeitraum Sie die Impulse lesen wollen oder in welchem Rhythmus, ob einen Impuls pro Tag oder pro Woche oder ...

Bevor Sie das Heft aufschlagen, können Sie Gott bitten, dass er durch den Impuls in Ihre Situation hineinspricht.

Die Impulse starten mit Gedanken, die Sie im Alltag abholen und zu den ausgewählten Bibelworten hinführen wollen.

Lassen Sie sich nun überraschen, was die Bibel zum jeweiligen Thema sagt. Die Bibeltexte, auf denen die Impulse basieren, finden Sie am Ende des Hefts. Sie haben allerdings noch mehr vom Bibellesen, wenn Sie Ihre eigene Bibel zur Hand nehmen und die angegebenen Abschnitte direkt dort lesen. Und wenn Sie dann noch ein paar Verse vor und nach der Bibelstelle lesen, werden Sie zusätzliche Entdeckungen machen.

Lesen Sie nun den Gedankenanstoß zum Bibeltext. Wo finden Sie sich wieder? Worüber wollen Sie weiter nachdenken? Mit wem wollen Sie vielleicht darüber reden? Vertrauen Sie sich im Gebet Gott an und bitten Sie ihn, Ihnen bei der Umsetzung des Erkannten zu helfen.

Probieren Sie ruhig mutig den Handlungsimpuls am Ende aus. Lassen Sie Gedanken zu Taten werden. Finden Sie heraus, wie sie in Ihrer Situation mit Gottes Hilfe (neu) vertrauen lernen können.

Mit der Bibel Neues entdecken – Tipps

Stellen Sie sich das Bibellesen doch einmal vor wie einen wunderschönen Urlaub. Damit Sie den so richtig genießen können, finden Sie im Folgenden ein paar wertvolle Tipps. Am meisten haben Sie davon, wenn Sie sich an jedem der 18 „Urlaubstage“ ein ruhiges und bequemes Plätzchen suchen. Und das zu einer Tageszeit, in der Sie möglichst ungestört sein können.

Ankommen
Gott ist da und hört Sie. Schütten Sie ihm Ihr Herz aus und bitten Sie ihn, durch die Bibel zu Ihnen zu reden.

Entdecken
Lesen Sie den angegebenen Bibeltext im Heft oder besser noch in Ihrer eigenen Bibel. Am besten mehrfach und ruhig halblaut. Das erleichtert die Konzentration. Lassen Sie sich mitnehmen in die Welt der Bibel und entdecken Sie Altes neu und Neues zum ersten Mal.

Vertiefen
Nehmen Sie sich Zeit, selbst Entdeckungen zu machen. Welcher Satz, welches Wort spricht Sie an? Was erfahren Sie über Gott oder Jesus?

Austauschen
Was hat Gott Ihnen heute durch die Bibel gezeigt? Sind Sie ermutigt worden? Sind Sie auf etwas aufmerksam geworden? Sprechen Sie mit Gott über Ihre Fragen oder neuen Erkenntnisse.

IMPULS 1

WEM KANN ICH VERTRAUEN?

Die Freude ist groß, als der Kollege anbietet, die Schichten zu tauschen, damit man einen wichtigen Termin wahrnehmen kann. Doch plötzlich ruft der Chef an und will wissen, wo man bleibt. Der Kollege ist nicht zur Schicht erschienen. Auf die große Freude über den Tausch folgt die Enttäuschung. Es war nicht das erste Mal, dass ein Versprechen gebrochen wurde. Wäre es da nicht besser, in Zukunft niemandem mehr zu glauben?

	Psalm 118,8-9	Seite 42

Verlässlich

Auf Gott können Sie zählen

Der Autor des Psalms hat die Erfahrung gemacht, dass es einen gibt, auf den er sich felsenfest verlassen kann. Als er von Feinden umringt und in großer Gefahr war, stand dieser Jemand an seiner Seite. Der Autor beschreibt, wie er um Hilfe gerufen hat und Antwort bekam. Sein verlässlicher Helfer ist Gott. Die Verse 8 und 9 sind sein Fazit aus dieser Erfahrung: Gott ist da. Auf ihn können auch Sie zählen! Ganz gleich, wie oft Sie vielleicht schon von Menschen enttäuscht wurden: Auf Gott ist 100%ig Verlass.

Wie würden Sie die Aussage der beiden Bibelverse mit Ihren eigenen Worten ausdrücken? Wenn Sie mögen, schreiben Sie diese Version auf einen Zettel. Verwahren Sie ihn an einem Ort, wo Sie ihn regelmäßig sehen, zum Beispiel in Ihrem Portemonnaie, am Badezimmerspiegel oder als Lesezeichen in Ihrer Bibel.

DAS SOLL ICH GLAUBEN?

Manche Dinge sind zu unglaublich, zu sonderbar und manchmal auch einfach zu wunderbar, um sie glauben zu können. Viele Geschichten hat man im Laufe des Lebens schon gehört und einige davon für bare Münze genommen, nur um im Nachhinein zu erfahren, dass sie doch nicht wahr gewesen sind. Daraus lernen wir, Dinge zu hinterfragen, statt sie vorbehaltlos zu glauben. Das ist gut – solange wir nicht partout alles, was wir uns nicht erklären können, als Lüge abstempeln.

Johannes 20,24-29	Seite 42

Als die Jünger Thomas von ihrer Begegnung mit Jesus erzählen, hat der seine Zweifel. Vielleicht sind seine Freunde so traurig über den Tod von Jesus, dass sie sich etwas einbilden, was gar nicht real ist? Denkbar wäre es allemal. Es ist nicht so, dass er seinen Freunden misstraut. Vielmehr will er sichergehen, dass das, was sie sagen, wirklich wahr ist. Denn wenn Jesus tatsächlich vom Tod auferstanden ist, dann verändert das alles. Jesus versteht Thomas und reagiert auf sein Bedürfnis.

Zweifel

Gott möchte neues Vertrauen schenken

Gott kann mit unseren Fragen und Zweifeln umgehen. Und er lädt uns ein, sie ihm zu bringen. Er möchte ihnen begegnen. Was er sich im Gegenzug wünscht? Ein offenes Herz, das bereit ist, ihm zu vertrauen. Reden Sie heute mit Gott über die Dinge, die Ihrem Vertrauen zu ihm im Weg stehen, und seien Sie gespannt, was passiert.

Vertrauen – *leichter* gesagt *als* getan

Manchen Menschen fällt es leicht, anderen zu vertrauen, während es anderen eher schwerfällt. Warum ist das eigentlich so?
Petra gehört zur letzteren Gruppe. Sie sagt über sich selbst, dass sie alle Menschen erst mal mit einer gewissen Vorsicht beobachtet. Dies sei die Folge negativer Erfahrungen in der Vergangenheit.

Sabine hingegen fällt es leicht, Menschen zu vertrauen. Sie vermutet, dass dies auch mit ihrer Erziehung zu tun hat: „Meine Eltern gehören nicht zur misstrauischen Sorte und sind anderen Menschen gegenüber immer zugewandt." Meldet sich jedoch ihr Bauch, hört sie darauf und ist eher vorsichtig. Natürlich hat auch sie diverse enttäuschende Erfahrungen gemacht: „Meine Offenheit und mein Vertrauen wurden nicht immer belohnt, manchmal sogar schamlos ausgenutzt. Das verletzt und macht vorsichtig. Aber grundsätzlich gebe ich mir Mühe, über diese Enttäuschungen hinwegzusehen und immer wieder neu zu vertrauen. Es klappt nicht mehr ganz so blauäugig wie früher, aber es geht."
Enttäuschungen sind Teil des Lebens. Die Frage ist, wie man mit ihnen umgeht.

„Vergebung fällt mir schwer. Es bleibt immer ein Rest Misstrauen", berichtet Petra. „Ich bin sehr vorsichtig geworden und lasse keinen zu nah an mich ran. Sogar meine engste Familie nicht – leider!" Gerade wenn die Beziehung sehr eng ist, geht auch die Verletzung sehr tief.

Sabine sagt dazu: „Eine Wunde will ihre Zeit zum Heilen haben. Wenn sich aber beide Seiten bemühen, kann zerstörtes Vertrauen wieder neu aufgebaut und im Idealfall sogar vertieft werden, weil man sich bezüglich der anderen Person keinen Illusionen mehr hingibt. Es ist wie ein Knochen, der bricht: An der Bruchstelle ist er nach dem Verheilen so belastbar wie kein anderer Bereich des Knochens."

Dieses Bild ist tröstlich. Voraussetzung ist jedoch, dass beide Seiten wirklich gewillt sind, die Wunde heilen zu lassen, damit das Vertrauen neu wachsen kann. Jeder hat eine zweite oder auch dritte Chance verdient, findet Sabine. Negative Erfahrungen machen einen vorsichtiger, dennoch ist Vertrauen kein Ding der Unmöglichkeit. „Man muss sich jedoch aktiv mit der Verletzung auseinandersetzen und sie überwunden haben", benennt Sabine die Voraussetzung, um Menschen mit neuem Vertrauen begegnen zu können.

Was Petra und Sabine gemeinsam haben, ist die Erfahrung, dass ihr Glaube durch negative Erfahrungen mit Menschen nicht stark beeinflusst wurde. „Es ist ein Urvertrauen", meint Petra. „Ich war schon manchmal enttäuscht von Gott und verstehe manches nicht, was er mir aufbürdet. Doch er hilft mir, das durchzustehen. Gemeinsam mit ihm gelingt's. Ich kann mich auf ihn verlassen."

„Vielleicht klingt es klischeehaft und fromm, aber Gott ist wirklich der Einzige, der mich noch nie enttäuscht hat. Im Gegenteil: Im größten Schmerz war er immer mein Zufluchtsort, mein bester Freund und mein Friede", weiß auch Sabine zu berichten.

IMPULS 3

VERTRAUENSBASIS

„Jetzt vertrau mir doch mal …!" Wenn ich diesen Satz höre, schrillen bei mir die Alarmglocken. Einen Vertrauensvorschuss gewähren? Manchmal ist das nötig; das verstehe ich. Was mich stört, ist die große Selbstverständlichkeit, mit der dies mitunter gefordert wird – noch dazu häufig, ohne dass zuvor eine entsprechende Vertrauensbasis aufgebaut wurde. Ich soll also jemandem einzig und allein deshalb vertrauen, weil die Person es von mir fordert?

Johannes 3,16-17 Seite 42

Gott macht es genau andersherum: Er zeigt seine Liebe zu uns, indem er seinen Sohn Jesus in diese Welt schickt und ihn stellvertretend für die Schuld der ganzen Menschheit sterben lässt. Der Tod als Konsequenz unserer Sünde trifft ihn statt uns. Gott tut es, ohne zu wissen, ob wir ihm jemals dafür danken werden. Oder ob wir von diesem Friedensangebot Gebrauch machen. Er möchte die Beziehung zu uns: eine persönliche, nahe Beziehung. Dafür gibt er das Wertvollste, was er hat. Seine einzige Bitte: Vertrau mir und nimm mein Geschenk an.

Wegbereiter

Gott reicht uns in Jesus die Hand

Was müsste Gott tun, damit Sie ihm Ihr Vertrauen schenken? Und was wäre Ihr Anteil daran?

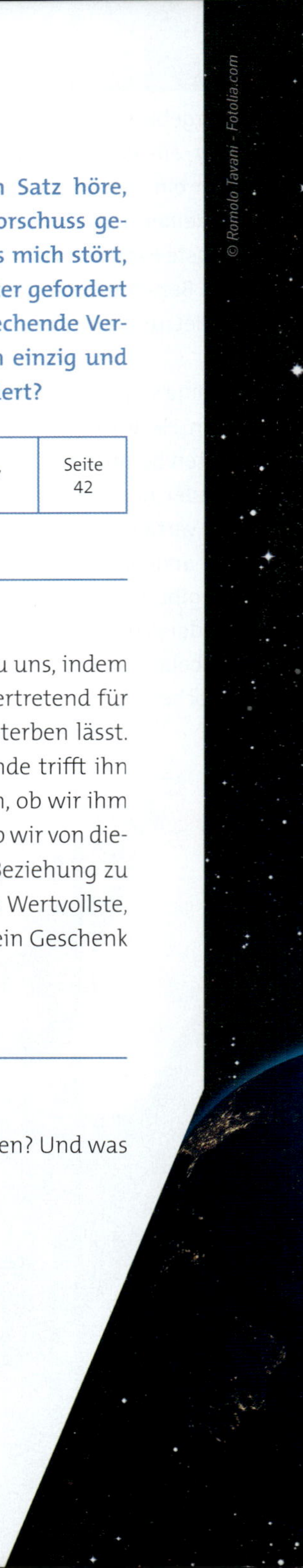

Wer ist *dieser* Gott?

Um jemandem vertrauen zu können, muss man die Person zuerst einmal kennenlernen. Was für Menschen gilt, gilt genauso für Gott. In der Bibel stellt Gott sich uns Menschen vor. Wir können ihn durch das Lesen der Bibel besser kennenlernen und auch von den Erfahrungen anderer Menschen mit Gott profitieren. Hier eine kleine Auswahl:

Was Gott über sich selbst sagt:

- Ich bin Anfang und Ende (Offenbarung 22,13).
- Ich bin der Weg, die Wahrheit und das Leben (Johannes 14,6).
- Ich bin unvergleichlich (Jesaja 40,25; Römer 11,33-35).
- Ich bin da (2. Mose 3,13-14).

Was die Bibel sonst noch über Gott sagt:

- Gott hat alles erschaffen (1. Mose 1).
- In der Schöpfung können wir Gott erkennen (Römer 1,20).
- Gott ist ewig (Psalm 90,2).
- Gott ist weise und mächtig (Jesaja 40,28).
- Gott ist treu, vollkommen und gerecht (5. Mose 32,4).
- Gott verändert sich nicht (Maleachi 3,6).
- Gott steht zu seinem Wort (1. Samuel 15,29).
- Gott ist Liebe (1. Johannes 4,16).
- Gott ist heilig (1. Petrus 1,15-16).
- Gott kennt Sie durch und durch (Psalm 139,1-16).
- Gott gibt nur gute Gaben (Jakobus 1,17).
- Gottes Güte und Treue hören niemals auf (Psalm 117,2).
- Gott ist König (1. Timotheus 1,17).
- Gott erlässt uns unsere Schuld, zahlt selbst den Preis (Kolosser 2,14).

GESAGT, GETAN!

Es macht Spaß, Pläne zu schmieden. Man kann wild rumspinnen, sich in einem Moment das große Ganze ausmalen, nur um sich im nächsten Augenblick in Details zu verlieren. Viele Pläne wurden schon geschmiedet, viele wurden in letzter Sekunde wieder verworfen. Manchmal beruhen diese Pläne auf Versprechungen anderer. Versprechungen, die sie dann aber nicht einhalten können oder wollen. Viele Versprechungen werden in bester Absicht gegeben, scheitern aber an Denkfehlern, Unvorhergesehenem oder Dingen, die außerhalb des eigenen Einflussbereiches liegen.

	Jesaja 46,9-11	Seite 43

Taten
Gott hält Wort

Gott sagt uns eine 100%ige Umsetzungs- und Erfolgsgarantie auf vom ihm entworfene Pläne zu. Er hat keine Scheu davor, einen Blick zurückzuwerfen, um seine Aussage anhand dessen, was er in der Vergangenheit getan hat, zu belegen. Gott hat einen Plan mit dieser Welt. Er hat einen Plan mit Ihnen. Dieser Plan ist nicht ohne Sinn und Verstand gemacht worden, sondern mit Bedacht und viel Liebe zum Detail ausgearbeitet. Gott unterlaufen keine Denkfehler. Unvorhergesehenes gibt es bei ihm ebenso wenig wie Dinge, die er nicht tun kann. Gott ist allmächtig. Was er sagt, das tut er auch!

„Taten sagen mehr als tausend Worte", lautet ein altes Sprichwort. Gott ist uns hierin das perfekte Vorbild. Machen Sie es ihm nach und zeigen Sie anderen Menschen durch Ihre Taten, dass Sie zu dem stehen, was Sie sagen.

Taten
sagen mehr als
Worte

EIN BLICK IN DIE ZUKUNFT

Viele von uns wüssten gerne, was die Zukunft bringt. Wird es mit der Liebe fürs Leben klappen? Ist uns ein gesundes Leben bis ins hohe Alter vergönnt? Erweist sich die Entscheidung für einen bestimmten Lebensweg als richtig? Wir haben viele Fragen an die Zukunft. Wenig ist wirklich gewiss ...

Offenbarung 21,1-7	Seite 43

Die Details unserer Zukunft sind uns nicht bekannt; das wirklich Wichtige jedoch verrät Gott uns schon jetzt: Er wird auch in Zukunft bei uns sein! Gott gewährt Johannes, dem Autor des Buches Offenbarung, einen Blick auf das, was kommt. Er lässt ihn sehen, was sein wird, wenn Gott den Tod ein für alle Mal besiegt. Vieles wird dann anders sein: kein Tod, keine Trauer, kein Leid, keine Tränen. Wer aber bleibt, ist Gott, der Ewige. Dieser Gott erschafft einen perfekten Ort und lädt Sie dorthin ein.

Immer und ewig
Gott ist da

Freuen Sie sich auf das, was kommt! Lassen Sie sich durch Alltagsgegenstände wie Taschentücher daran erinnern, dass Gott eine Zukunft für Sie parat hält, in der Taschentücher überflüssig sind – es sei denn, um sich damit Freudentränen abzuwischen!

GUT VERSORGT

Gerade bei einschneidenden Veränderungen im Leben wie der Entscheidung für eine Familie, einen Hauskauf oder Jobwechsel kommt oft die Frage auf, ob die Entscheidung richtig ist. Richtig ist oft ein Synonym für sicher. Was, wenn etwas schiefgeht? Zusatzversicherungen versprechen Sicherheit, nur decken sie eben nicht alles ab. Oder sind unerschwinglich teuer. Tatsache ist: Es gibt nur sehr wenig im Leben, was wirklich sicher ist.

Matthäus 6,26-33	Seite 44

Gott gibt den Menschen, die an ihn glauben, keine Geling-Garantie aufs Leben. Er verspricht nicht, dass alles, was wir anpacken, glückt. Es geht im Leben von Christen nicht immer bergauf, sondern auch mal bergab. Was Gott jedoch verspricht, ist, dass er immer da sein wird, um sie aufzufangen. Er sorgt für seine Kinder – und das schließt Sie mit ein! Natürlich sollen Sie sich Gedanken um die Zukunft machen, sollen Ihr Bestes tun, gute Entscheidungen zu treffen. Sorgen können Sie jedoch bei ihm ablegen. Gott verspricht, immer an Ihrer Seite zu sein. Er wird für alles sorgen, was Sie zum Leben brauchen.

Versorger
Gott weiß, was Sie brauchen

Die Natur zeigt Ihnen Tag für Tag aufs Neue, dass Gott Wort hält. Lassen Sie sich vom Zwitschern der Vögel und der Farbenpracht der Natur daran erinnern. Was brauchen Sie? Sagen Sie es Gott.

© Ray Hennessy – Unsplash.com

Vertrauen *wachsen* lassen

©U. Hardberck - stock.adobe.com

Wir werden geprägt – nicht nur von eigenen Erfahrungen, sondern auch von denen anderer. Erzählt mir jemand, dass sein Arzt ihn schlecht beraten hat, so werde ich vermutlich nicht gerade dorthin gehen, wenn ich einen (guten) ärztlichen Rat brauche. Berichtet hingegen jemand begeistert von einem Geschäft, werde ich vermutlich bei Gelegenheit ebenfalls einen Blick hineinwerfen.

Es geht nicht darum, Meinungen anderer unreflektiert zu übernehmen, sondern vielmehr die Erfahrungen anderer bewusst für sich nutzbar zu machen. Im Folgenden finden Sie eine Auswahl an Berichten darüber, was verschiedene Personen der Bibel mit Gott erlebt haben. Lassen Sie sich beim Lesen von ihren Erfahrungen inspirieren.

Hier finden Sie Geschichten von Menschen, die auf Gottes Wort vertrauten. Es sind die Geschichten ...

... eines Menschen, der in den Augen seiner Mitmenschen etwas Verrücktes tat: 1 Mose 6,9–7,24

... eines Menschen, der bereit war, sein Liebstes in Gottes Hände zu legen: 1. Mose 22,1-19

... eines Menschen, der seine Chancen auf einen Sieg minimierte: Richter 7,1-22

... von Menschen, die aus Überzeugung taten, was richtig war: Daniel 3,1-30

... von Menschen, die Wunder erlebten: Lukas 8,40-55

... eines Menschen, der zunächst zweifelte, doch dann vertrauen konnte: Johannes 20,24-29

In der Bibel wie auch in Ihrem Alltag begegnen Sie allen möglichen Menschen: mutigen und zögerlichen, erfolgreichen, vom Leben enttäuschten, naiven, verzweifelten und sehnsüchtigen. Gottes Einladung gilt jedem Menschen: Wir dürfen mit allem, was uns bewegt, zu ihm kommen. Er wünscht sich Gemeinschaft mit uns. Gott ist an unserer Seite – wir können ihm vertrauen!

MEERESWOGEN-VERTRAUEN

Soll ich oder soll ich nicht? Oder besser noch: Kann ich oder kann ich nicht? Die Rede ist von festem Vertrauen. Es wäre so schön, wenn es möglich wäre. Dann kommt das große Aber: Wir wurden dazu erzogen, Dinge zu hinterfragen. Negative Erfahrungen aus der Vergangenheit melden sich zu Wort und wecken Zweifel. Es ist schwer, unter diesen Voraussetzungen zu vertrauen, ohne zu zweifeln.

Jakobus 1,5-6	Seite 44

Jakobus gebraucht in seinem Brief das Bild der Meereswogen, um zu beschreiben, was Zweifel mit einem Menschen machen: Sie verhindern, dass er zur Ruhe kommt, reiben ihn innerlich auf. Sie verhindern so viele gute Erfahrungen mit Gott. Jakobus sagt nicht, dass man nicht aus der Vergangenheit lernen soll, beispielsweise aus schlechten Erfahrungen mit Menschen. Gott jedoch gibt uns keinen Anlass, an ihm zu zweifeln. Was er sagt, ist wahr. Was er verspricht, das tut er auch. Gott ist ein begeisterter Geber. Darauf können Sie sich verlassen!

Geber
Gott gibt gern

Halten Sie sich das Bild der Meereswogen, die hin und her getrieben werden, noch mal vor Augen. Inwiefern finden Sie sich, Ihre Zweifel und Ihre Beziehung zu Gott darin wieder? Reden Sie mit ihm darüber.

© Joshua Earle – Unsplash.com

Wenn ich Angst bekomme, setze ich mein Vertrauen auf Dich.
Psalm 56,4

IMPULS 8

ZWEISAMKEIT

Beziehungen leben von Nähe. Die entsteht durch miteinander verbrachte Zeit, gemeinsame Erlebnisse, Herz-zu-Herz-Gespräche und dergleichen mehr. Nur so kann Vertrauen wachsen. Sich einfach nur im selben Haus oder Raum aufzuhalten, erzeugt lediglich räumliche Nähe. Sie stärkt die Beziehung nicht. Das erleben viele Paare, die sich über die Jahre „auseinanderleben": Sie leben nebeneinander her, statt miteinander den Alltag anzugehen.

	Psalm 145,18	Seite 44

König David schreibt in seinem Psalm über aufrichtige Gebete. Damit sind Herz-zu-Herz-Gespräche mit Gott gemeint. Denn nichts anderes als das sind Gebete, wie Gott sie im Sinn hat. Es geht ihm nicht darum, dass wir täglich zu einer bestimmten Zeit ein Gebet runterrattern, damit wir uns auf die Schulter klopfen und gedanklich einen Haken hinter diesen Punkt setzen können. Gebet ist kein frommes To-do, das wir wohl oder übel hinter uns bringen müssen. Es ist die Einladung zur Begegnung mit Gott: laut oder leise, mit vorformulierten Worten oder frei, alleine oder in Gemeinschaft mit anderen.

Nähe

Gemeinsam verbrachte Zeit lässt Vertrauen wachsen

Nehmen Sie sich heute ein paar Minuten Zeit, um mit Gott zu sprechen. Erzählen Sie ihm, was Sie gerade bewegt, und lassen Sie sich von ihm überraschen. Wenn Sie mögen, beten Sie doch einmal an einem anderen Ort als sonst, zum Beispiel auf einem kleinen Spaziergang oder bei der Hausarbeit. Es gibt keinen falschen Ort und keine falsche Zeit für ein Gespräch mit Gott.

Gebet ist das Atemholen der Seele.

John Henry Newman
(1801-1890, englischer Theologe)

IMPULS 9

ZUVERSICHTLICH

„Und dann sagte mein Chef plötzlich ... – sag mal, hörst du mir überhaupt zu?“ – „Ähm, was hast du gerade gesagt? Ich war in Gedanken woanders.“ Wer kennt solche Unterhaltungen nicht? Man redet und redet, schüttet womöglich sein Herz aus – und was macht das Gegenüber? Es hört gar nicht zu. Oder nur mit halbem Ohr. Da kann man sich den Atem doch eigentlich gleich sparen und seine Gedanken für sich behalten, oder?

1. Johannes 5,14-15	Seite 45

Johannes sagt es ganz klar: Wir dürfen uns absolut sicher sein, dass Gott uns zuhört, wenn wir mit ihm reden. Er hört unseren Dank, unsere Berichte über all das Gute in unserem Leben, die Herausforderungen, Sorgen und Ängste und unsere Bitten. Womöglich haben Leute Johannes gefragt, wie es dann sein kann, dass Gott ihre Bitten nicht erhört. Wenn es wahr ist, dass Gott hört und gerne gibt, dann passt das doch nicht zusammen. Johannes sagt hierzu etwas ganz entscheidend Wichtiges: Gott gibt gerne – wenn es seinem Willen entspricht. Wir kennen Gottes Pläne nicht, können aber durch gemeinsam mit ihm verbrachte Zeit und das Lesen der Bibel herausfinden, was ihm wichtig ist, wie er denkt, was er sich für die Welt wünscht.

Auf Empfang

Gott hört, was Sie sagen – und antwortet

Denken Sie zurück und überlegen Sie sich, welche Erfahrungen Sie schon mit dem Gebet gemacht haben. Wie könnte Ihr Gebetsleben lebendiger werden? Hier ein paar Tipps in Stichworten: alleine/gemeinsam, leise/laut, vorformuliert/frei, sitzend/in Bewegung (z. B. Gebetsspaziergang), feste Zeiten/Rituale oder kurze Gebete über den Tag verteilt, Gebetstagebuch, Gebetsschwerpunkt pro Wochentag.

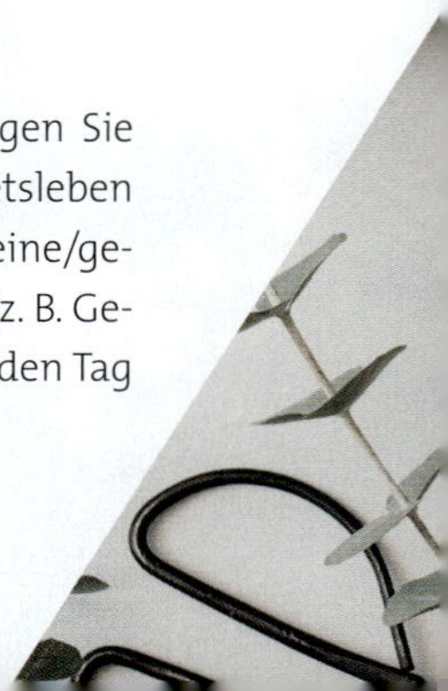

SICH NICHT VERUNSICHERN LASSEN

Der eine sagt dies, der andere jenes. Wer hat nun recht? Gerade wenn beide Versionen logisch erscheinen, ist es oft schwierig, das zu entscheiden. Person A hat mir ihre Version vor ein paar Wochen erzählt. Womöglich hat Person B ja neuere Informationen, die Person A damals noch nicht vorlagen? Wem also Glauben schenken?

Galater 1,6-12	Seite 45

Was im Alltag schon oft schwierig ist, kann auch in Glaubensfragen zu einer Herausforderung werden. So erging es den Lesern von Paulus' Brief. Sie hatten von ihm gehört, was Gott durch Jesus am Kreuz für sie getan hat. Sie hatten sich für ein Leben mit Jesus entschieden, für Vergebung als ein Geschenk Gottes an sie, das sie allein durch Glauben in Empfang nehmen dürfen. Nun hatten sie in der Zwischenzeit auch andere Lehren gehört und sich davon einnehmen lassen. Paulus aber lässt sie wissen: Alles Mögliche mag sich im Laufe der Zeit ändern, aber nicht die Gute Nachricht. Es bleibt dabei: Nicht durch die Befolgung von Regeln, sondern durch das Vertrauen auf Gott werden wir gerettet!

Kennenlernen

Gott stellt sich in der Bibel vor

Nehmen Sie sich heute ein paar Minuten Zeit, um noch mehr in der Bibel zu lesen. Das Lesen der Bibel stärkt Ihr Vertrauen auf Gott und hilft Ihnen, irrige Ansichten zu erkennen. Im Neuen Testament erfahren Sie viel über Jesus und seine ersten Nachfolger. Oder lesen Sie, was andere Menschen mit Gott erlebt haben (Seite 16 + 17).

GANZ DER ALTE

„Das war so klar, dass du das jetzt sagst!“ – „Das ist mal wieder typisch für dich!“ – „Woher wusste ich nur, dass das passiert?“ Wenn solche Sätze fallen, ist darin oft ein Vorwurf enthalten. Sie unterstellen dem anderen, vorhersehbar zu handeln. Was oft negativ gewertet wird, hat aber auch seine positiven Seiten: Diese Menschen sind verlässlich. Das schafft Sicherheit und bildet die Basis für ein vertrauensvolles Miteinander.

Maleachi 3,6a | Seite 45

Auch Gott gehört zu denjenigen, die berechenbar sind. Er verändert sich nicht und das seit Anbeginn der Zeit. Was auf den ersten Blick vielleicht recht langweilig erscheint, ist auf den zweiten Blick ganz wunderbar. Denn die Tatsache, dass Gott in alle Ewigkeit der Gleiche sein wird, gibt uns Sicherheit. Wir wissen, wie wir bei ihm dran sind. Sein Wesen verändert sich nicht, ebenso wenig seine Werte oder die Prinzipien, nach denen er handelt. Wenn er also zu Zeiten des Alten Testaments gesagt und gezeigt hat, dass er treu ist, dann gilt das noch heute. Und wenn ihm damals Wahrheit wichtig war, so hat sich daran noch immer nichts geändert.

Unveränderlich
Gott ist sich selbst treu

Wurde Ihr Vertrauen in Gott schon einmal erschüttert, weil Gott anders gehandelt hat, als Sie es erwartet haben? Welche seiner Zusagen hat Gott hier Ihrer Meinung nach nicht erfüllt? Könnte es sein, dass es sich dabei vielleicht eher um nicht erfüllte Erwartungen Ihrerseits handelte?

Denn es sollen wohl Berge weichen
und Hügel hinfallen, aber meine Gnade soll
nicht von dir weichen, und der Bund meines
Friedens soll nicht hinfallen,
spricht der HERR, dein Erbarmer.

Jesaja 54,10

IMPULS 12

DENKEN AUSDRÜCKLICH ERWÜNSCHT!

Aussagen wie „Das ist halt so!“ sind Totschlagargumente. Sie fordern uns auf, das Hirn auszuschalten, das Fragen einzustellen und bedingungslos darauf zu vertrauen, dass andere den vollen Durchblick haben. Dies ist ein Phänomen, das leider auch in einigen Kirchen und Gemeinden zu finden ist. Wer würde es wagen, einem studierten Theologen zu widersprechen?

	1. Johannes 4,1	Seite 46

Johannes warnt die Leser seines Briefes davor, jedem zu glauben, der vorgibt, Gottes Botschaft zu verkünden. Womöglich waren einige Menschen unterwegs, die absichtlich und zu ihrem Vorteil die Lehren Gottes verdrehten. Vielleicht waren aber auch Personen dabei, die es einfach nicht besser wussten. Bibeln, in denen man jederzeit nachlesen konnte, was Gottes Plan für die Menschen ist, gab es damals noch nicht. Sie sind ein Privileg, das wir heutzutage haben. Anhand der Bibel können wir feststellen, ob Aussagen, die uns komisch vorkommen oder unter negativen Druck setzen, wirklich mit Gottes Gedanken übereinstimmen. Die Bibel ist das Buch, das Sie zur Hand nehmen können, wann immer Sie sich eine eigene Meinung zu Glaubensfragen bilden möchten.

Die Bibel
Gottes Geschenk an uns

Halten Sie sich vor Augen, dass es kein Zeichen von Misstrauen ist, sich eine eigene Meinung bilden zu wollen. Gott lädt Sie ein, Ihren Verstand nicht auszuschalten, wenn es um Glaubensdinge geht. Worüber möchten Sie gerne mehr erfahren?

Enttäuscht – was tun?

Fast jeder Mensch wird im Laufe seines Lebens enttäuscht. Manchmal liegt es daran, dass man vorsätzlich getäuscht wird, beispielsweise durch Lügen oder das bewusste Zurückhalten wichtiger Informationen. Aber auch ohne dass Lügen im Spiel sind, kann man enttäuscht werden. Dies ist beispielsweise dann der Fall, wenn wir andere Menschen idealisieren. Dann neigen wir dazu, Dinge auszublenden, die nicht in das Bild passen, das wir uns von der Person gemacht haben.

Wir überhören Aussagen oder deuten sie bewusst um. Wir sind sprichwörtlich blind für die Dinge, die uns direkt vor Augen stehen. Oft gehen Menschen auch davon aus, dass ihre Mitmenschen ihre Werte teilen und entsprechend handeln. In Bezug auf Gott kommt es oftmals zu Enttäuschungen, wenn falschen Lehren oder Gottesbildern Glauben geschenkt wird. Je näher uns die Person steht, die enttäuscht, desto schmerzhafter die Erfahrung.

Das Fatale an Enttäuschungen ist, dass daraus ein negativer Kreislauf entstehen kann. Die negative Erfahrung (1) verändert, wie wir über die betreffende Person denken (2) und ihr Verhalten deuten (3). Unsere Gefühle (4) ihr gegenüber verändern sich. Womöglich spüren wir Angst in uns aufsteigen, erneut enttäuscht zu werden. Dies wirkt sich auf unser Verhalten (5) der Person gegenüber aus: Wir halten uns zurück, sind misstrauisch. Unser Gegenüber nimmt das wahr und reagiert auf unser verändertes Verhalten, was wir als Bestätigung (6) unserer Annahmen werten. Die Folge ist Rückzug (7) – entweder komplett oder auf emotionaler Ebene, indem wir eine unsichtbare Mauer um uns herum errichten, die echte Nähe verhindert.

© nimis69 – iStockphoto.com

Natürlich sollte man aus Enttäuschungen lernen. Hierbei sollte es jedoch darum gehen, diesen Erlebnissen etwas Positives abzugewinnen, indem man überlegt: Woran lag es? Was kann ich daraus lernen? Wie möchte ich diese und andere Beziehungen in Zukunft leben? Geschieht diese Auseinandersetzung nicht, tritt schnell ein oben skizzierter Kreislauf in Kraft, der meist nicht nur die konkrete Person betrifft. Häufig entwickelt sich so im Laufe der Zeit ein generelles Misstrauen Menschen gegenüber und beeinflusst somit auch eigentlich intakte Beziehungen.

© Nikada – iStock.com

Sollte die Verletzung sehr tief gehen oder sollten Sie bereits seit Langem mit diesem Thema zu kämpfen haben, kann es hilfreich sein, wenn Sie sich bei der Bewältigung dieser Erfahrung helfen lassen. Im Folgenden einige Anregungen, was Sie selbst tun könnten, um diesem verhängnisvollen Kreislauf zu entkommen:

- Setzen Sie sich mit der Enttäuschung auseinander. Wie kam es dazu? Versuchen Sie, der Person und/oder sich selbst zu vergeben.
- Werden Sie sich Ihrer Gedanken und Gefühle bewusst: Was nehmen Sie wahr? Wie beeinflussen sie Ihre Deutung von Aussagen, Situationen etc.?
- Wie könnte ein erster vorsichtiger Schritt raus aus der Isolation aussehen? In Gegenwart welcher Menschen könnten Sie (neu) lernen, sich zu öffnen?

GLAUBENSSTARK

„Wer nicht an Wunder glaubt, ist kein Realist." Davon war David Ben-Gurion, der erste Ministerpräsident Israels, überzeugt. Viele Menschen halten es für naiv, an Wunder zu glauben. Betrachtet man das Leben jedoch etwas genauer, so findet man viele positive Dinge, die wider Erwarten geschehen – überraschend und wunderbar.

	Römer 4,17-21	Seite 46

Abraham ist ein Realist: Er ist sich seines Alters sehr klar bewusst. Er weiß, dass seine Frau Sara (90) und er (100) eindeutig zu alt sind, um noch Kinder zu kriegen – menschlich betrachtet. Unter normalen Umständen ist der Zug abgefahren. Keine Kinder zu haben, das war damals weitaus schlimmer als heutzutage, da die Kinder die alternden Eltern versorgten. Ohne Kinder war man im Alter auf sich selbst gestellt. Zudem wurde Kinderlosigkeit vielfach als Zeichen von Sünde gewertet: Die beiden müssen irgendetwas ganz Schlimmes getan haben, werden ihre Mitmenschen gemunkelt haben. Abraham lässt sich dadurch und durch die scheinbaren „Fakten" nicht davon abhalten, Gottes Zusage zu vertrauen. Er ist davon überzeugt, dass Gott zu seinem Wort steht und die Macht hat, seine Zusage Wirklichkeit werden zu lassen.

Hoffnung
Gott wird Sie nicht enttäuschen

Wir Menschen tendieren dazu, auf das, was nicht gut läuft, zu schauen. Richten Sie Ihren Blick heute ganz bewusst auf Gottes Möglichkeiten. Bitten Sie jemanden, Ihnen von einem kleinen oder auch großen persönlichen Wunder zu erzählen.

© Brittney Borowski – lightstock.com

KRAFTVOLL LEBEN

Das Leben ist kein Zuckerschlecken. Das ist eine Realität, an der leider nicht zu rütteln ist, und sie schließt Christen mit ein. Auch Menschen, die an Jesus glauben, werden krank, verlieren ihre Arbeit, erleben schreckliche Dinge und müssen mit ansehen, wie Beziehungen zerbrechen. Was uns widerfährt, unterscheidet sich nicht großartig von dem, was Menschen, die ohne Gott leben, erleben. Der Unterschied liegt woanders!

Jeremia 17,7-8	Seite 46

Wer an Gott glaubt, gleicht einem Baum, der seine Wurzeln jederzeit zum Wasser hin ausstrecken kann, hin zu Gott. Mit ihm an unserer Seite sind wir in der Lage, den Herausforderungen des Lebens zu trotzen. Durch die Nähe zu ihm werden wir in die Lage versetzt, mit diesen Dingen umzugehen. Es sind und bleiben Herausforderungen, aber wir können ihnen in dem festen Glauben begegnen, dass wir einen starken Partner an unserer Seite haben. Bei Gott können wir Kraft schöpfen und ihn jederzeit um Weisheit bitten. Gott geht mit, er trägt uns durch.

Stark

Die Beziehung zu Gott macht Sie robust

Vermutlich kommen Sie sich in Krisenzeiten wie ein Grashalm im Wind vor. In Wirklichkeit gleichen Sie mit Gott an Ihrer Seite viel mehr einem robusten Baum. Machen Sie doch heute mal einen kleinen Spaziergang und saugen Sie dieses Bild in sich auf. Gott macht Sie stark; er versorgt Ihre Wurzeln mit Wasser.

© Chris Hepburn – iStock.com

Er gibt den Müden Kraft und die Schwachen macht er stark.

Jesaja 40,29

PERSPEKTIVWECHSEL

Nachts als Frau alleine durch eine einsame Gegend joggen? Sich unvorbereitet vor die deutlich älteren und erfahreneren Kollegen stellen und einen Vortrag halten? Es gibt viele Situationen, die man lieber meidet, weil man Gefahr wittert, sei es für Leib und Leben oder die Seele. Aber was ist mit den Gefahren, denen man nicht ausweichen kann?

	Psalm 118,6	Seite 47

Der Autor des Psalms sagt nicht: „Begebt euch wissentlich in Gefahr!" Vielmehr berichtet er aus eigener Erfahrung: Als er von allen Seiten bedrängt war, hat er erleben dürfen, dass Gott inmitten der Gefahr bei ihm war. Das ist es, was ihm die Kraft gibt, sich seinen Widersachern zu stellen. Er weiß, dass er ihnen nicht alleine gegenübersteht. Hätten sie ihn angreifen oder sogar töten können? Sicherlich. Was sich in diesem Moment verändert hat, ist, dass die Angst gewichen ist. Von ähnlichen Erfahrungen berichten die Briefe des Neuen Testaments: Die Christen wurden aufgrund ihres Glaubens verfolgt. Ihr Glaube an Gott gab ihnen immer wieder die Kraft, sich allen Herausforderungen zu stellen.

Perspektive
Angstmachendes verliert mit Gott an Schrecken

Gibt es Dinge, die Ihnen Angst machen? Versuchen Sie einmal, Gott gedanklich mit in die Situation zu holen. Inwiefern verändert dieser Gedanke, dass Gott an Ihrer Seite steht, Ihre Sicht auf die Lage und Ihre Gefühle hierzu?

Wer die **Perspektive**
ändert, sieht die **Dinge**
in einem ganz
anderen **Licht**.

(Engelbert Schinkel, geb. 1959)

Gott in **Krisenzeiten** vertrauen

Als Philipp und seine Frau Andrea erfahren, dass sie nach menschlichem Ermessen keine leiblichen Kinder haben können, zerplatzt ein Lebenstraum. „Wir haben schon relativ bald medizinisch alles abchecken lassen. Da ergab sich eine sehr eindeutige Diagnose. Das war einerseits ein Keulenschlag, andererseits wussten wir direkt, woran wir sind." Eine große Leere sei da gewesen, so beschreibt es Philipp – und die (geistliche) Frage: „Hängt unser Lebensglück an der Erfüllung des Kinderwunsches? Ist Gott immer noch gut? Ist er trotz allem noch unser ganzes Glück?" Diese Fragen galt es zu klären.

Als hilfreich erlebten die beiden ihre Gemeinde. Dort fühlten sie sich gut aufgehoben; es wurde mit und für sie gebetet. In der Gemeinde durften sie ehrlich sein und auch klagen. Geistlich reife Begleiter zeigten ihnen immer wieder vom Evangelium her Perspektiven auf. „Wir mussten die Frage, ob Gott auch inmitten solcher Erfahrungen gut ist, für uns neu durchbuchstabieren. Kann ich das, was ich jahrelang mit Überzeugung gepredigt habe, auch selber beherzigen? Ist Gott unser Glück? Psalm 16 war dabei ein echtes Schlüsselwort. Wir haben mit Gott gerungen und dann nach einiger Zeit sehr bewusst die Worte dieses Psalms zu unserem Bekenntnis gemacht. In der Folge haben wir einen tiefen Frieden erlebt."

Ab 2007 beschäftigen sich Philipp und Andrea mit dem Thema Adoption, aber erst acht lange Jahre später können sie einen Jungen aus Bulgarien in ihrer Familie willkommen heißen. Zwei Jahre später folgt ein kleines Mädchen, das über das örtliche Jugendamt den Weg zu ihnen findet. „Gott hat uns trotz der langen Wartezeit bis zur Adoption viele ‚Kinder', alte und junge, in der Gemeinde geschenkt. Wir haben und hatten ein erfülltes Leben. Gott hat unser Vertrauen mit unfassbarer Güte beantwortet", berichtet Philipp.

„Ich habe durch all das auch geistlich viel besser verstanden, was es eigentlich heißt, zum ultimativen Adoptivvater im Himmel gehören zu dürfen. Er nimmt mich als seinen Sohn an, obwohl ich keine göttliche DNA habe. Das am eigenen Leib nachvollziehen zu können, ist ein Vorrecht, das mir in meiner Beziehung zu Gott zuvor unbekannte Dimensionen eröffnet hat. Ich bin dankbar, dass ich als Adoptivvater ein Stück dieses wunderbaren geistlichen Geschehens abbilden darf."

Ob er sich von Gott enttäuscht fühle? „Ich glaube, wir hatten nie die Vorstellung, Gott müsse uns alle Wünsche erfüllen. In der existenziellen Krise ging es mehr darum, ob Gott uns auch die Kraft geben kann, mit diesem unerfüllten Wunsch zu leben, ohne dass wir bitter werden. Heute kann ich sagen, dass er es getan hat. Ich zitiere gerne Hiob 42,5: ‚Ich hatte von dir nur vom Hörensagen vernommen; aber nun hat mein Auge dich gesehen.'"

IMPULS 16

VERTRAUEN BEWIRKT WUNDER

„Wenn ich gar nicht erst für ein Wunder bete, dann werde ich auch nicht enttäuscht. Darum bete ich nicht.“ Vielleicht kennen Sie Menschen, die so argumentieren, oder sehen es gar selbst so. Es ist wahr: Es gibt keine Garantie, dass unsere Gebete genau so, wie wir es uns vorstellen, erfüllt werden. Aber sollten wir es deshalb gleich ganz bleiben lassen?

Lukas 17,11-19	Seite 47

Dankeschön

Auch Gott freut sich darüber

Jesus hat es hier mit Menschen zu tun, die nichts mehr zu verlieren haben. Sie leiden an Aussatz, einer hoch ansteckenden Krankheit. Aufgrund der Ansteckungsgefahr mussten sie sich außerhalb der Stadt aufhalten, fernab von Freunden und ihrer Familie. Sie erkennen in Jesus ihren Herrn und bitten ihn um Hilfe. Auf sein Wort hin, in dem Moment noch von der Krankheit gezeichnet, gehen sie los – im Vertrauen darauf, dass Jesus Wort hält. Ein Akt des Glaubens. Zurück, um zu danken, kommt nur ein Samariter: ein Mann, der aufgrund seiner Herkunft am wenigsten damit rechnen konnte, dass Jesus auch seine Bitte erhört.

© Ian Stauffer – Unsplash.com

Zwei Dinge sind echte Wunder-Bremsen: der Glaube, Gott sei nicht vertrauenswürdig oder mächtig genug, sowie der Gedanke, man sei Gott kein Wunder wert. Nur Mut, lockern Sie die Bremsen!

GEBET BEWIRKT WUNDER

Ein großer Automobilhersteller wirbt mit dem Slogan „Nichts ist unmöglich!“. Die Botschaft: Kauft unsere Autos, dann erlebt ihr nie geahnten Fahrkomfort. Unmögliches gibt es bei uns nicht. Vollmundige Versprechen, die zum Kauf verleiten sollen. Aber halten sie und die vielen anderen Werbeversprechen, die uns tagtäglich erreichen, dem Praxistest stand?

Markus 11,22-24	Seite 47

Manch einer hat bereits versucht, einen Berg im Meer zu versenken, und ist daran gescheitert. Einige rufen triumphierend: „Ich wusste, dass es nicht klappt!“, andere sind bitter enttäuscht. Was viele überlesen: Jesus schlägt nicht vor, den Berg-ins-Meer-Stürztest zu machen, um sich zu vergewissern, dass Gott alles möglich ist. Er sagt, dass selbst so etwas für Gott kein Problem darstellt. Voraussetzung ist Vertrauen. Die Art Vertrauen, die Menschen, die beweisen wollen, dass Gott unfähig ist, nicht haben. Es ist Vertrauen, das aus der Beziehung zu Gott erwächst und das sich dessen bewusst ist, dass Gebet Gott nicht zu einer Marionette in unseren Händen macht. Gott macht Unmögliches möglich – wenn es nötig und im Einklang mit seinem Willen ist.

Vertrauen

Mit Gott ist alles möglich

Gebet ist der Schlüssel zu so vielem. Gott lädt Sie ein, davon Gebrauch zu machen. Nehmen Sie sich heute ein paar Minuten Zeit, um mit Gott zu reden – gerne auch über die Wunder, die Sie gerade brauchen könnten in Ihrem Leben.

© Kevin Carden – lightstock.com

IMPULS 18

VERRÜCKTES VERTRAUEN

Die Tochter von Freunden kommt vom Spielen mit dem Nachbarskind nach Hause. Sie haben Friseur gespielt. Nun sind die Haare an einer Seite kurz, eine Strähne komplett ab-, der Rest kreuz und quer geschnitten. Die Mutter fällt aus allen Wolken. Was das Kind sich dabei gedacht habe, will sie wissen. Das Nachbarskind hätte gesagt, dass das okay sei. Umso größer die Überraschung, dass Mama nicht sonderlich begeistert von der Aktion zu sein scheint ...

1. Mose 6,14-22	Seite 48

Menschen sind zu den verrücktesten Dingen fähig, wenn sie davon überzeugt sind, das Richtige zu tun. Ein solcher Mensch ist Noach. Als Gott ihm aufträgt, mitten auf dem Trockenen, fernab der See, ein riesiges Schiff zu bauen, für eine Flut, von der weit und breit noch nichts zu sehen ist, erfordert das Vertrauen. Besonders wenn die Nachbarn anfangen, mit Fingern auf ihn zu zeigen und sich über ihn lustig zu machen. Noach, der keinerlei Erfahrung im Schiffsbau vorzuweisen hat, baut eine Arche. Wie das mit den Tieren laufen soll, ist eine weitere offene Frage. Gott hatte sich Noach nicht ohne Grund ausgesucht: Er war der Einzige, der noch in enger Beziehung zu Gott lebte. Diese Nähe schafft Vertrauen. Und Vertrauen sorgt für den nötigen Mut, auch scheinbar verrückte Dinge anzupacken, weil man weiß: Gott steht dahinter!

Mutig
Gott vertrauen, auch wenn es verrückt klingt

Es braucht Mut, zu tun, was Gott sagt. Wo hat er womöglich schon zu Ihnen über „Verrücktes“ gesprochen und wie haben Sie darauf reagiert? Sie können Gott vertrauen: Was er plant, hat Hand und Fuß!

Baukasten für gute Beziehungen

Was braucht es, um vertrauensvolle Beziehungen zu bauen? – Diese Frage möchte ich direkt an Sie weitergeben. Die folgenden Punkte sollen eine kleine Hilfestellung sein, diese Frage für sich zu beantworten.

1. Nehmen Sie ein Blatt Papier und notieren Sie sich alles, was Ihrer Meinung nach wichtig ist für vertrauensvolle Beziehungen. Welche innere Haltung ist nötig? Welche Rahmenbedingungen müssen erfüllt sein? Schreiben Sie alles auf, was Ihnen dazu in den Sinn kommt – je mehr, desto besser!

2. Wählen Sie aus Ihren Ideen drei bis fünf Punkte aus, die Ihnen am wichtigsten erscheinen. Schreiben Sie sie auf einen zweiten Zettel.

3. Überlegen Sie sich zu jedem der notierten Punkte mindestens zwei bis drei Dinge, die Sie tun können, um dieses Ziel zu erreichen. Wie können Sie dazu beitragen, dass es gelingt? Seien Sie möglichst konkret.

4. Nun überlegen Sie sich zu jedem der Oberpunkte noch mindestens zwei bis drei Dinge, die Sie tun könnten, um zu verhindern, dass dieses Ziel erreicht wird. Was müssten Sie unternehmen, wie sich verhalten, damit es nicht gelingt?

Sie haben nun eine Ideensammlung aus positiven und auch negativen Haltungen und Handlungsweisen. Wenn Sie möchten, dann wählen Sie aus dieser Liste zwei bis drei Ideen aus, um sie in den kommenden Tagen bewusst umzusetzen. Hierbei kann es sich sowohl um Dinge handeln, die Sie neu in Ihr Leben integrieren oder aber in Zukunft sein lassen möchten. Seien Sie gespannt, welche Auswirkungen dies auf Ihre Beziehungen hat – zu Ihren Mitmenschen, aber auch zu Gott! Und wie Sie Gott (neu) vertrauen lernen.

BIBELTEXTE

IMPULS 1	Psalm 118,8-9	Seite 6

[8] Mit dem HERRN rechnen ist besser als sich auf Menschen verlassen. [9] Mit dem HERRN rechnen ist besser als auf die Hilfe der Mächtigen warten.
Psalm 118,8-9 (GNB)

IMPULS 2	Johannes 20,24-29	Seite 7

[24] Als Jesus kam, war Thomas, genannt der Zwilling, einer aus dem Kreis der Zwölf,
nicht dabei gewesen. [25] Die anderen Jünger erzählten ihm: „Wir haben den Herrn
gesehen!" Thomas sagte zu ihnen: „Niemals werde ich das glauben! Da müsste
ich erst die Spuren von den Nägeln an seinen Händen sehen und sie mit meinem
Finger fühlen und meine Hand in seine Seitenwunde legen – sonst nicht!" [26] Eine
Woche später waren die Jünger wieder im Haus versammelt und Thomas war bei
ihnen. Die Türen waren abgeschlossen. Jesus kam, trat in ihre Mitte und sagte:
„Frieden sei mit euch!" [27] Dann wandte er sich an Thomas und sagte: „Leg deinen
Finger hierher und sieh dir meine Hände an! Streck deine Hand aus und lege sie in
meine Seitenwunde! Hör auf zu zweifeln und glaube!" [28] Da antwortete Thomas:
„Mein Herr und mein Gott!" [29] Jesus sagte zu ihm: „Du glaubst, weil du mich gesehen hast. Freuen dürfen sich alle, die mich nicht sehen und trotzdem glauben!"
Johannes 20,24-29 (GNB)

IMPULS 3	Johannes 3,16-17	Seite 10

[16] Denn also hat Gott die Welt geliebt, dass er seinen eingeborenen Sohn gab, auf dass alle, die an ihn glauben, nicht verloren werden, sondern das ewige Leben haben.
[17] Denn Gott hat seinen Sohn nicht in die Welt gesandt, dass er die Welt richte, sondern dass die Welt durch ihn gerettet werde.
Johannes 3,16-17 (LUT)

IMPULS 4	Jesaja 46,9-11	Seite 12

[9] „Denkt an das, was ich früher getan habe!“, sagt der Herr. „Ich allein bin Gott und
sonst keiner, niemand ist mir gleich. [10] Ich kündige an, was geschehen wird, lange
bevor es eintrifft. Und das sage ich euch: Wenn ich etwas plane, dann wird es auch
ausgeführt. Alles, was ich mir vornehme, das tue ich auch. [11] Ich rufe jetzt den Adler
aus dem Osten, den Mann aus fernem Land, der meinen Plan ausführen wird. Ich
habe es angekündigt und es wird eintreffen; es ist schon im Gang, ich führe es
herbei.“

Jesaja 46,9-11 (GNB)

IMPULS 5	Offenbarung 21,1-7	Seite 14

[1] Dann sah ich einen neuen Himmel und eine neue Erde. Der erste Himmel und
die erste Erde waren verschwunden und das Meer war nicht mehr da. [2] Ich sah,
wie die Heilige Stadt, das neue Jerusalem, von Gott aus dem Himmel herabkam.
Sie war festlich geschmückt wie eine Braut für ihren Bräutigam. [3] Und vom Thron
her hörte ich eine starke Stimme rufen: „Dies ist die Wohnstätte Gottes bei den
Menschen! Er wird bei ihnen wohnen, und sie werden seine Völker sein. Gott selbst
wird als ihr Gott bei ihnen sein. [4] Er wird alle ihre Tränen abwischen. Es wird keinen
Tod mehr geben und keine Traurigkeit, keine Klage und keine Quälerei mehr. Was
einmal war, ist für immer vorbei.“ [5] Dann sagte der, der auf dem Thron saß: „Gebt
Acht, jetzt mache ich alles neu!“ Zu mir sagte er: „Schreib dieses Wort auf, denn
es ist wahr und zuverlässig.“ [6] Und er fuhr fort: „Es ist bereits in Erfüllung gegan-
gen! Ich bin das A und das O, der Anfang und das Ende. Wer durstig ist, dem gebe
ich umsonst zu trinken. Ich gebe ihm Wasser aus der Quelle des Lebens. [7] Alle, die
durchhalten und den Sieg erringen, werden dies als Anteil von mir erhalten: Ich
werde ihr Gott sein und sie werden meine Söhne und Töchter sein.“

Offenbarung 21,1-7 (GNB)

IMPULS 6 | Matthäus 6,26-33 | Seite 15

26 „Seht euch die Vögel an! Sie säen nicht, sie ernten nicht, sie sammeln keine Vorrä-
te – aber euer Vater im Himmel sorgt für sie. Und ihr seid ihm doch viel mehr wert
als Vögel! 27 Wer von euch kann durch Sorgen sein Leben auch nur um einen Tag
verlängern? 28 Und warum macht ihr euch Sorgen um das, was ihr anziehen sollt?
Seht, wie die Blumen auf den Feldern wachsen! Sie arbeiten nicht und machen
sich keine Kleider, 29 doch ich sage euch: Nicht einmal Salomo bei all seinem Reich-
tum war so prächtig gekleidet wie irgendeine von ihnen. 30 Wenn Gott sogar die
Feldblumen so ausstattet, die heute blühen und morgen verbrannt werden, wird
er sich dann nicht erst recht um euch kümmern? Habt ihr so wenig Vertrauen? 31
Also macht euch keine Sorgen! Fragt nicht: ‚Was sollen wir essen?' ‚Was sollen wir
trinken?' ‚Was sollen wir anziehen?' 32 Mit all dem plagen sich Menschen, die Gott
nicht kennen. Euer Vater im Himmel weiß, dass ihr all das braucht. 33 Sorgt euch
zuerst darum, dass ihr euch seiner Herrschaft unterstellt, und tut, was er verlangt,
dann wird er euch schon mit all dem anderen versorgen."

Matthäus 6,26-33 (GNB)

IMPULS 7 | Jakobus 1,5-6 | Seite 18

5 Wenn es aber unter euch welche gibt, die nicht wissen, was sie in einem bestimm-
ten Fall tun müssen, sollen sie Gott um Weisheit bitten, und Gott wird sie ihnen
geben. Denn er gibt sie allen gerne, ohne ihnen Vorwürfe zu machen. 6 Sie müs-
sen Gott aber in festem Vertrauen bitten und dürfen nicht zweifeln. Wer zweifelt,
gleicht den Meereswogen, die vom Wind gepeitscht und hin und her getrieben
werden.

Jakobus 1,5-6 (GNB)

IMPULS 8 | Psalm 145,18 | Seite 20

18 Er ist denen nahe, die zu ihm beten – allen, die aufrichtig zu ihm beten.

Psalm 145,18 (GNB)

IMPULS 9	1. Johannes 5,14-15	Seite 22

14 Und wir dürfen zuversichtlich sein, dass er uns erhört, wenn wir ihn um etwas
bitten, das seinem Willen entspricht. 15 Und wenn wir wissen, dass er unsere Bitten
hört, dann können wir auch sicher sein, dass er uns gibt, worum wir ihn bitten.

1. Johannes 5,14-15 (NLB)

IMPULS 10	Galater 1,6-12	Seite 23

6 Ich wundere mich über euch! Gott hat euch durch die Gute Nachricht dazu beru-
fen, dass ihr unter der Gnade steht, die Christus gebracht hat. Und nun kehrt ihr
ihm so schnell den Rücken und wendet euch einer anderen Guten Nachricht zu! 7
Es gibt in Wirklichkeit gar keine andere; es gibt nur gewisse Leute, die unter euch
Verwirrung stiften. Sie wollen die Gute Nachricht von Christus in ihr Gegenteil ver-
kehren. 8 Aber nicht einmal ich selbst oder ein Engel vom Himmel darf euch eine
Gute Nachricht bringen, die der widerspricht, die ich euch gebracht habe. Wer es
tut, soll verflucht sein, dem Gericht Gottes übergeben! 9 Ich habe es euch schon
früher eingeschärft und wiederhole es jetzt: Wer euch eine andere Gute Nachricht
bringt als die, die ihr angenommen habt, soll verflucht sein, dem Gericht Gottes
übergeben! 10 Will ich jetzt wieder Menschen beschwatzen – oder gar Gott selbst?
Oder rede ich etwa Menschen nach dem Mund? Ich gehöre Christus und diene ihm
– wie kann ich da noch den Beifall der Menschen suchen! 11 Das müsst ihr wissen,
Brüder und Schwestern: Die Gute Nachricht, die ich verkünde, ist kein Menschen-
wort. 12 Ich habe sie nicht von irgendeinem Menschen übernommen und bin auch
von keinem Menschen darüber belehrt worden. Ich habe sie dadurch empfangen,
dass Gott mich Jesus als den von ihm bestätigten Retter schauen ließ.

Galater 1,6-12 (GNB)

IMPULS 11	Maleachi 3,6a	Seite 24

Ich, der HERR, wandle mich nicht.

Maleachi 3,6a (LUT)

IMPULS 12	1. Johannes 4,1	Seite 26

[1] Ihr Lieben, glaubt nicht allen, die vorgeben, Botschaften des Geistes zu verkünden! Prüft sie, ob der Geist Gottes aus ihnen redet. Denn diese Welt ist voll von falschen Propheten.

1. Johannes 4,1 (GNB)

IMPULS 13	Römer 4,17-21	Seite 30

[17] Denn Gott hat zu ihm gesagt: „Ich habe dich zum Vater vieler Völker gemacht."
Abraham hatte Gott vor Augen und glaubte ihm, der die Toten lebendig macht
und das Nichtseiende ins Dasein ruft. [18] Obwohl nichts mehr zu hoffen war, hielt
er an der Hoffnung fest und vertraute darauf, dass Gott ihn zum Vater vieler
Völker machen werde. Denn Gott hatte zu ihm gesagt: „Deine Nachkommen
werden so zahlreich sein wie die Sterne." [19] Abraham, fast hundertjährig, wusste
genau, dass seine Lebenskraft aufgezehrt und der Mutterschoß Saras erstorben
war. Trotzdem wurde er nicht schwach im Glauben [20] und zweifelte nicht an der
Zusage Gottes, vielmehr wurde sein Glaube nur umso fester. Er gab Gott die Ehre
[21] und war felsenfest davon überzeugt: Was Gott zusagt, das kann er auch tun.

Römer 4,17-21 (GNB)

IMPULS 14	Jeremia 17,7-8	Seite 32

[7] „Doch Segen soll über alle kommen, die allein auf mich, den Herrn, ihr Ver-
trauen setzen! [8] Sie sind wie Bäume, die am Wasser stehen und ihre Wurzeln
zum Bach hin ausstrecken. Sie fürchten nicht die glühende Hitze; ihr Laub bleibt grün und frisch. Selbst wenn der Regen ausbleibt, leiden sie keine Not. Nie hören sie auf, Frucht zu tragen."

Jeremia 17,7-8 (GNB)

IMPULS 15	Psalm 118,6	Seite 34

6 Der Herr steht mir bei; nun fürchte ich nichts mehr. Was könnte ein Mensch
mir schon tun?
Psalm 118,6 (GNB)

IMPULS 16	Lukas 17,11-19	Seite 38

11 Auf dem Weg nach Jerusalem zog Jesus durch das Grenzgebiet von Samarien
und Galiläa. 12 Als er in ein Dorf ging, kamen ihm zehn Aussätzige entgegen. Sie
blieben in gehörigem Abstand stehen 13 und riefen laut: „Jesus! Herr! Hab Er-
barmen mit uns!“ 14 Jesus sah sie und befahl ihnen: „Geht zu den Priestern und
lasst euch eure Heilung bestätigen!“ Und als sie unterwegs waren, wurden sie
tatsächlich gesund. 15 Einer aus der Gruppe kam zurück, als er es merkte. Laut
pries er Gott, 16 warf sich vor Jesus nieder, das Gesicht zur Erde, und dankte ihm.
Und das war ein Samariter. 17 Jesus sagte: „Sind nicht alle zehn gesund gewor-
den? Wo sind dann die anderen neun? 18 Ist keiner zurückgekommen, um Gott
die Ehre zu erweisen, nur dieser Fremde hier?“ 19 Dann sagte er zu dem Mann:
„Steh auf und geh nach Hause, dein Vertrauen hat dich gerettet.“
Lukas 17,11-19 (GNB)

IMPULS 17	Markus 11,22-24	Seite 39

22 Jesus antwortete: „Habt Vertrauen zu Gott! 23 Ich versichere euch: Wenn je-
mand zu diesem Berg sagt: ‚Auf, stürze dich ins Meer!‘, und hat keinerlei Zweifel,
sondern vertraut fest darauf, dass es geschieht, dann geschieht es auch. 24 Des-
halb sage ich euch: Wenn ihr Gott um irgendetwas bittet, müsst ihr nur darauf
vertrauen, dass er eure Bitte schon erfüllt hat, dann wird sie auch erfüllt.“
Markus 11,22-24 (GNB)

IMPULS 18 | 1. Mose 6,14-22 | Seite 40

14 „Bau dir ein Schiff, eine Arche. Mach sie aus festem Holz und dichte sie innen
und außen mit Pech ab. Im Innern soll sie viele Räume haben. 15 Sie muss 150
Meter lang sein, 25 Meter breit und 15 Meter hoch. 16 Mach oben ein Dach da-
rüber, zieh zwei Zwischendecken ein, sodass es dreistöckig wird, und bring an
der Seite eine Tür an. 17 Ich werde eine Flut über die Erde hereinbrechen lassen,
in der alles Lebendige umkommen soll. Weder Mensch noch Tier wird mit dem
Leben davonkommen. 18 Mit dir aber schließe ich meinen Bund. Ich verspreche
dir: Du sollst gerettet werden. Geh mit deiner Frau, deinen Söhnen und deinen
Schwiegertöchtern in die Arche! 19 Nimm von allen Tieren ein Männchen und
ein Weibchen mit, damit sie mit dir gerettet werden. 20 Von jeder Tierart sollst
du ein Paar in die Arche bringen, damit sie am Leben bleiben, alle Arten von
Landtieren und Vögeln. 21 Nimm jedem Tier sein Futter mit, und auch genug zu
essen für dich und deine Familie.“ 22 Noach tat alles genau so, wie Gott es ihm
befohlen hatte.

1. Mose 6,14-22 (GNB)

BLB

WAS IST DER BIBELLESEBUND?

Wir sind von der Bibel und ihrer Botschaft begeistert! Diese Begeisterung möchten wir teilen und weitergeben. Deshalb unterstützen wir Menschen jeder Altersgruppe dabei, einen eigenen Zugang zur Bibel zu erhalten und in ihrem Alltag mit der Bibel zu leben. International kennt man uns unter Scripture Union. Wie viele andere christliche Werke auch, arbeiten wir auf der Glaubensgrundlage der Evangelischen Allianz.

Kurz gesagt:

Wenn Sie mehr wissen möchten:
www.bibellesebund.net

Lust auf mehr?

Nun haben Sie anhand dieses Heftes 18 Impulse aus der Bibel erhalten. Wir hoffen, dass Sie dabei wertvolle Gedanken für Ihr Leben mitnehmen konnten. Wenn dieses Heft Ihr Interesse an der Bibel und weiteren Themen geweckt hat, dann finden Sie hier weitere Möglichkeiten, Entdeckungen in der Bibel zu machen.

Thematisches Bibellesen

Weitere Hefte folgen.
Hier erfahren Sie mehr: **shop.bibellesebund.net**